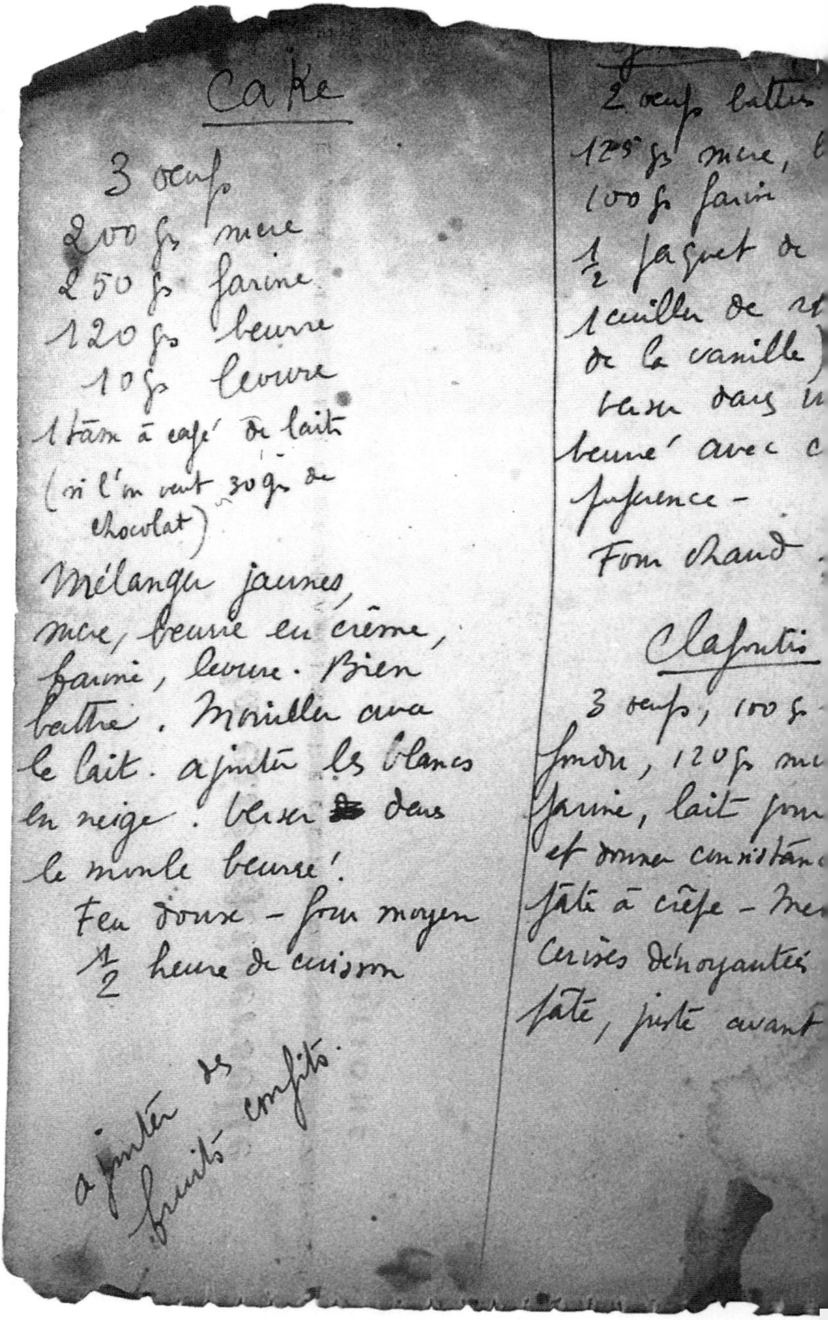

Cake

3 oeufs
200 grs sucre
250 grs farine
120 grs beurre
10 grs levure
1 tasse à café de lait
(si l'on veut 30 grs de chocolat)

Mélanger jaunes, sucre, beurre en crème, farine, levure. Bien battre. Mouiller avec le lait. ajouter les blancs en neige. Verser dans le moule beurré.

Feu doux – four moyen
1/2 heure de cuisson

ajouter des fruits confits.

2 oeufs battus
125 grs sucre,
100 grs farine
1/2 paquet de
1 cuiller de
de la vanille)
Verser dans un
beurré avec
préférence –
Four chaud

Clafoutis

3 oeufs, 100 g
fondu, 120 grs suc
farine, lait pour
et donner consistance
pâte à crêpe – Me
Cerises dénoyautées
pâte, juste avant

minutes
...e 5 "
" "
...evure
...n (on
moule
...ercle de
...eurre
...ue
200 g
...laircir
de la
...ger
...s la
cuire

Gâteau à la crème de lait

10 cuillers à soupe de sucre
1 ou 2 oeufs battus avec le sucre
10 cuillers arasées de crème de lait
15 " de farine
(1 paquet de levure si l'on veut)
Bien battre. Délayer avec le lait
consistance d'une crème épaisse

Tarte créole

Faire cuire de la pâte brisée dans 1 moule (avec des noyaux pour qu'elle ne souffle pas) Faire une crème pâtissière à la vanille très épaisse. Ajouter des dés de banane ou ananas et 2 cuillers de rhum. Verser sur la tarte froide – Garnir de rondelles de bananes ou ananas et napper avec un peu de sirop au rhum très réduit. Cette tarte peut se faire sans fruit – Dans ce cas mettre plus de rhum, saupoudrer de sucre et brûler à la pelle rougie.

Tarte au citron

Faire pâte à tarte ordinaire – Pour la crème mettre dans une casserole 2 oeufs entiers 225 grs sucre 45 grs beurre, le jus d'un citron et le zeste râpé. Faire fondre doucement sans bouillir – Dès qu'elle est épaissie, verser sur la tarte à feu assez vif pendant 25 à 30'.

Pâte brisée 200 g farine, 100 g beurre, 5 cuil. à eau, 1 c. à café
[illegible]

DURAS

LA CUISINE DE MARGUERITE

BENOÎT JACOB

Textes et entretiens rassemblés par

Michèle Kastner

Suivi éditorial

Michèle Kastner et Jean Mascolo

Logo

Michèle Laverdac

ISBN : 2-913645-10-3

La nourriture est faite
vraiment pour tout le monde.
Comme la vie, elle est faite
vraiment pour tous.
Pas la littérature…

MARGUERITE DURAS aimait faire la cuisine et l'affirmait volontiers avec un plaisir non dissimulé. Non seulement elle cuisinait mais elle aimait aussi rédiger ses recettes, en inventer parfois les titres dans son cahier rouge, « le cahier du Camion », disait-elle… Elle songea à en publier quelques-unes dans *La Vie matérielle*. Le projet fut abandonné.

Ce sont ces recettes que nous avons eu envie de donner à lire dans ce livre, qui n'a d'autre prétention que d'évoquer Marguerite Duras dans une activité quotidienne qu'elle n'hésitait pas, en souriant, à tenir pour aussi créatrice que l'écriture.

Faire pour soi des pommes de terre sautées ou une omelette vietnamienne lui paraissait inconcevable. Marguerite cuisinait pour ses amis, c'était sa façon à elle de leur dire qu'elle les aimait…

La Cuisine de Marguerite est une cuisine populaire et conviviale. Ceux qui s'attendent à trouver dans ce livre des recettes très élaborées seront vite déçus. Certaines sont même laissées volontairement dans une imprécision totale, écrites sans façon mais toujours avec cette fraîcheur et cet humour qu'on lui connaissait.

Un jour, elle nous dit : « J'ai acheté des pommes, fruits de la France, vous êtes français, il faut manger des pommes. » On essaye, on recrache. Elle crie. On dit qu'on étouffe, que ça c'est du coton, qu'il n'y a pas de jus, que ça ne s'avale pas. Elle abandonne. La viande, on recrache aussi. On n'aime que la chair du poisson d'eau douce cuite à la saumure, au nuoc-mâm. On n'aime que le riz, la fadeur sublime à parfum de cotonnade du riz cargo, les soupes maigres des marchands ambulants du Mékong. Quand on passe les bacs, ma mère nous achète de ces soupes au canard, la nuit. Sur les sampans, les feux de charbon de bois sous les marmites de terre. Tout le fleuve est parfumé par le feu et les herbes bouillies.

LE THIT-KHÔ

C'EST le plat national de la Cochinchine, de l'Annam et sans doute du Tonkin. Jamais vous n'en mangez en France parce qu'en Indochine on coupe la viande avec le gras et la couenne en même temps. C'est-à-dire que c'est ce qui fait la viande complète, le gras pour être mangé avec la viande, la gelée pour faire la sauce la plus savoureuse. Vous faites bouillir le morceau de porc. Après 1/2 heure vous arrêtez la cuisson. Vous mettez un peu de bouillon de la viande dans une petite casserole avec du sucre, 6 à 8 morceaux. Vous faites caraméliser. Quand le sucre va noircir, qu'il fume déjà, ouvrez les fenêtres pour l'odeur, éloignez-vous du réchaud et versez sur le caramel quelques rasades de nuoc-mâm : presque aussitôt le caramel au nuoc-mâm se forme. Versez le tout dans le bouillon du porc. Faites fondre ce qui reste de caramel dans la petite casserole en plusieurs fois si c'est nécessaire et rajoutez de l'huile. Faites encore cuire 3/4 d'heure, 1 heure.

Ça se garde des jours et des jours. On peut faire le même plat avec du poisson. J'ai été élevée avec ce plat qui se mange avec du riz blanc.

Boisson : du thé chaud, léger.

Thit : viande.

Khô : nourriture séchée. Ici crevettes séchées, composantes du nuoc-mâm.

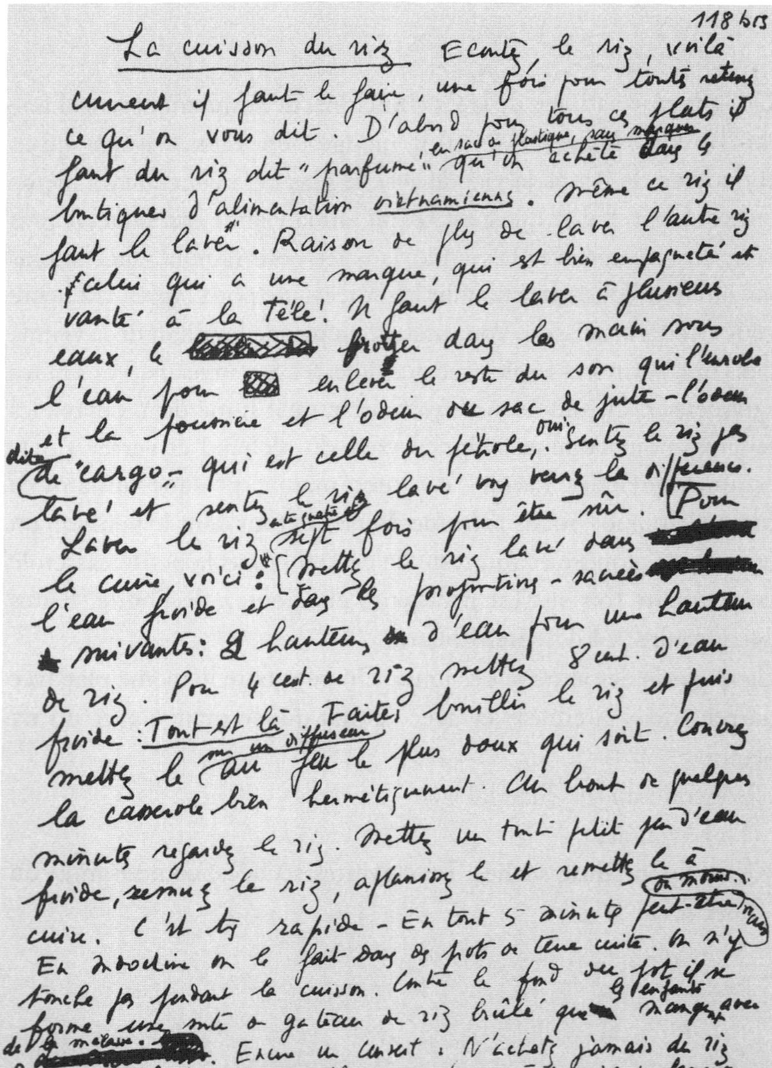

118 bis

La cuisson du riz. Ecoutez, le riz, voilà comment il faut le faire, une fois pour toutes retenez ce qu'on vous dit. D'abord pour tous ces plats il faut du riz dit « parfumé » en sac de plastique, sans marque qu'on achète dans les boutiques d'alimentation vietnamiennes. Même ce riz il faut le laver. Raison de plus de laver l'autre riz celui qui a une marque, qui est bien empaqueté et vanté à la Télé ! Il faut le laver à plusieurs eaux, le frotter dans les mains sous l'eau pour enlever le reste du son qui l'enrobe et la poussière et l'odeur du sac de jute – l'odeur dite « de cargo » qui est celle du pétrole, oui. Sentez le riz pas lavé et sentez le riz lavé vous verrez la différence. Lavez le riz sept fois pour être sûr. Pour le cuire voici : Mettez le riz lavé dans l'eau froide et dans les proportions sacrées suivantes : 2 hauteurs d'eau pour une hauteur de riz. Pour 4 cent. de riz mettez 8 cent. d'eau froide : Tout est là. Faites bouillir le riz et puis mettez le sur un diffuseur au feu le plus doux qui soit. Couvrez la casserole bien hermétiquement. Au bout de quelques minutes regardez le riz. Mettez un tout petit peu d'eau froide, remuez le riz, aplanissez le et remettez le à cuire. C'est très rapide – En tout 5 minutes peut-être au moins. En Indochine on le fait dans des pots de terre cuite. On n'y touche pas pendant la cuisson. Contre le fond du pot il se forme une sorte de gâteau de riz brûlé que les enfants mangent avec de la mélasse. Encore un conseil : N'achetez jamais de riz ? glacé à la façon de [illegible]. La marque française T.A. n'est pas fameuse mais [illegible] [illegible]

La cuisson du riz

Écoutez, le riz, voilà comment il faut le faire, une fois pour toutes retenez ce qu'on vous dit. D'abord pour tous ces plats il faut du riz dit « parfumé » en sac de plastique, sans marque, qu'on achète dans les boutiques d'alimentation vietnamiennes. Même ce riz il faut le laver. Raison de plus pour laver l'autre riz, celui qui a une marque, qui est bien empaqueté et vanté à la télé. Il faut le laver à plusieurs eaux, le broyer dans les mains sous l'eau pour enlever le reste de son qui l'enrobe et la poussière et l'odeur du sac de jute – l'odeur de cargo – qui est celle du pétrole. Sentez le riz pas lavé et sentez le riz lavé, vous verrez la différence.
Lavez le riz entre quatre et sept fois pour être sûr. Pour cuire, voici. Mettez le riz lavé dans l'eau froide et dans les proportions sacrées suivantes : 2 hauteurs d'eau pour une hauteur de riz. Pour 4 centilitres de riz, mettez 8 centilitres d'eau froide : tout est là. Faites bouillir le riz et puis mettez-le sur un diffuseur au feu le plus doux qui soit. Couvrez la casserole bien hermétiquement. Au bout de quelques minutes, regardez le riz. S'il est très sec, mettez un tout petit peu d'eau froide, remuez-le, aplanissez-le et remettez-le à cuire. C'est très rapide. En tout 5 minutes peut-être ou moins. En Indochine on le fait dans des pots de terre cuite. On n'y touche pas pendant la cuisson. Contre le fond du pot il se forme une sorte de gâteau de riz brûlé que les enfants mangent avec de la mélasse. Encore un conseil : n'achetez jamais du riz glacé à la façon de U.B. La marque française T.A. n'est pas fameuse mais lavée elle se mangera.

*Cette recette de curry a été donnée à ma mère par mon professeur de piano à Vinh-Long. Une Réunionnaise qui nous invitait à déjeuner le dimanche. C'est à cause d'elle que je n'ai jamais continué le piano. Elle dormait pendant les leçons. Elle a dit à ma mère que je n'étais pas douée pour le piano, que j'étais nulle en somme, que ce n'était pas la peine de continuer. Je crois qu'elle donnait gratuitement les leçons contre un service que ma mère lui rendait. Des leçons particulières à sa fille, peut-être. Ma mère a dû lui dire que sa fille était pour l'arithmétique et l'orthographe nulle comme moi pour le piano. Et les leçons ont cessé. À cause de la chaleur peut-être, des découragements devant l'effort dans les postes de brousse. Moi, j'en étais à l'Opus de Chopin, 3*e *volume des* Classiques favoris. *Quand même... Mais qui ne regrette pas le piano.*

Curry à la réunionnaise

Faire revenir un poulet coupé en morceaux avec du thym, du laurier, avec ail et oignons coupés fin. Quand ce n'est pas loin d'être cuit, saupoudrez de farine, faites de nouveau bien sauter afin d'éviter les grumeaux et saupoudrez de curry pas fort (1/3 de petite bouteille commune). Liez avec du lait frais entier, laissez finir de cuire pendant 1/4 d'heure à feux très doux, en remuant de temps en temps. Ajoutez de la noix de coco râpée. Servir avec du riz blanc. Et, dans des soucoupes, de la noix de coco, des raisins secs (gonflés à l'eau chaude) et un rougail glacé.

Rougail *(la Réunion)*

1 – Écrasez un avocat (ou 2).
2 – Râpez très fin une petite gousse d'ail.
3 – 1 citron vert (lemon), le jus entier et la pulpe.
4 – Du concentré de tomate, 1 cuillère à soupe.
5 – Sel.
6 – Poivre ou piment selon les goûts.
7 – Un peu d'huile.

Malaxez bien le tout. Le servir bien froid avec le curry bien chaud. Attention, c'est si bon qu'il n'y en a jamais assez.

Vous voulez savoir pourquoi je fais la cuisine ? Parce que j'aime beaucoup ça… C'est l'endroit le plus antinomique de celui de l'écrit et pourtant on est dans la même solitude, quand on fait la cuisine, la même inventivité… On est un auteur… L'omelette vietnamienne… Ça commence à faire, le nombre de gens qui me disent que c'est la meilleure chose qu'ils ont mangée de leur vie ! Vous vous rendez compte !… Comment voulez-vous que je sois indifférente à ça. J'ai cette faculté-là de pouvoir refaire les plats quand je les mange et puis dans un restaurant, une fois, elle était particulièrement bonne et je l'ai réinventée à partir de ce soir-là. C'est très long, il faut aller à Paris pour les ingrédients…

L'Omelette vietnamienne

C'est difficile. Il faut un feu très doux et du temps. Le secret, c'est la patience. Il faut faire le plat dans une poêle avec dessous un diffuseur.

Faire revenir des lardons ou du porc gras non salé. Coupez en tout petits morceaux. On peut ajouter la moitié d'une gousse d'ail râpée. Quand le porc est bien revenu, ajoutez des poireaux émincés très fin. Poivrez. Ne pas saler. Quand les poireaux et le lard sont bien amalgamés, cuits, ajoutez les champignons noirs trempés dans l'eau bouillante (très bien nettoyés auparavant), du vermicelle chinois et des germes de soja. Avant les œufs, mettre le nuoc-mâm, une bonne rasade, mais attention le nuoc-mâm est très salé. Ne pas mettre de sel ou très peu. Goûtez.

Il m'est arrivé de rater ce plat et je n'ai pas compris pourquoi. Les œufs devaient avoir trop cuit. Il m'est arrivé aussi de le réussir au-delà de ce que j'avais cru possible, je ne sais pas non plus pourquoi.

OCTOBRE
23 LUNDI Ste Yvette 296-69
3H Lucernaire
omelette chinoise
oeufs +
soja +
crevette ou saucisse chin.
persil | coriandre +
blanc de poireaux
Chop suey familial
faire revenir à feu
doux soja + oignons confits
+ ... émincé +
tg fin + poireaux ... revenir porc en
tomates — ... mélanger
morceaux à côté.
après cuisson
riz +
soja
oignons +
menthe +
persil chinois
porc +
nuoc mam +
poivre +
sel +
huile +
citron +
cacahuètes +
[illegible] +
salade de riz
[illegible]
banane
+ nuoc
mam
43me Semaine

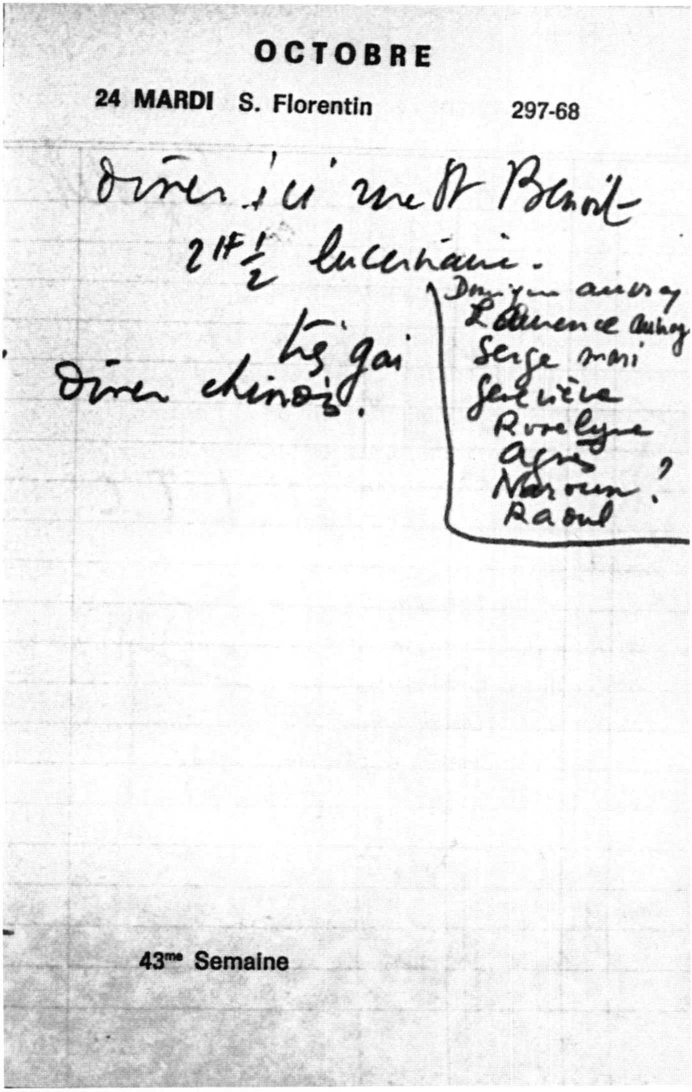
OCTOBRE
24 MARDI S. Florentin 297-68
dîner ici rue St Benoît
21H½ lucernaire.
dîner chinois.
Serge
Geneviève
Raoul
43me Semaine

Je n'ai pas du tout la prétention de faire une cuisine extrêmement raffinée… Je fais une très bonne cuisine mais c'est tout… Ça s'arrête là. C'est une cuisine que je rédige aussi, j'écris des recettes… J'invente des titres, je donne des titres suivant l'origine du plat. En général, je les appelle du nom de la personne qui m'a donné la recette. Par exemple, pour les boulettes de viande, j'ai : « Les Boulettes de la Grecque Melina », Melina, c'est Melina Mercouri, ou d'une autre amie, qui allait en pique-nique aux îles Sainte-Marguerite avec sa grand-mère, qui emmenait certaines boulettes dont elle m'a donné la recette, celles-là, je les appelle des « Boulettes à la russe, pour une promenade en mer … Il y a aussi les boulettes « Sans nom » et les boulettes « Soi-disant » aussi, qui sont sans doute les boulettes les plus mystérieuses…

Les boulettes à la façon de la grecque Melina

Bœuf haché + 3 petits oignons hachés + 2 œufs entiers + 2 poignées de riz cuit + persil + de la Worcester Sauce + 2 cuillères à soupe d'huile + thym + citron + parmesan râpé.
La sauce de ces boulettes a accompagné la Grecque Melina dans tous ses périples à travers le monde. Elle la fait en mélangeant de l'eau, du beurre, de la tomate pelée. On fait cuire le tout 1/2 heure. On lie avec 2 œufs entiers. On ajoute de la crème fraîche et, tenez-vous bien, de la Worcester sauce.
Je n'en ai jamais mangé ailleurs qu'au George V, où Melina avait une suite. Leurs deux amies gouvernantes faisaient de la cuisine grecque dans la chambre de l'hôtel. C'est merveilleusement bon, ce sont les meilleures. Je n'ai jamais connu d'endroit plus gai que cette suite de Melina au George V. J'y ai connu des gens comme eux. Melina et Jules Dassin sont parmi les gens adorables de ma vie. Le plus grand fou-rire de ma vie s'est produit avec Melina à Madrid, où Delon qui était venu « me saluer » ne comprenait pas pourquoi on riait. On riait pour rien. Dès qu'on se voyait, on éclatait.

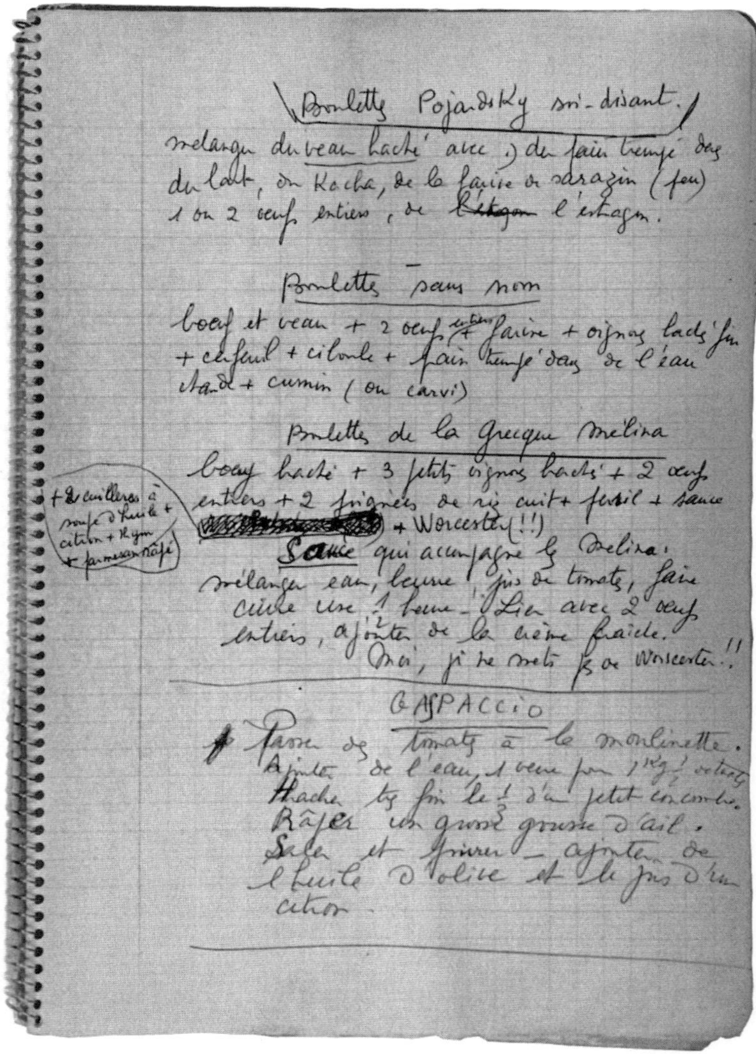

Boulettes Pojarsky soi-disant.

mélanger du veau haché avec : du pain trempé dans du lait, du Kacha, de la farine de sarazin (peu) 1 ou 2 oeufs entiers, de ~~l'estragon~~ l'estragon.

Boulettes sans nom

boeuf et veau + 2 oeufs entiers + farine + oignons hachés fin + cerfeuil + ciboule + pain trempé dans de l'eau chaude + cumin (ou carvi)

Boulettes de la grecque Mélina

boeuf haché + 3 petits oignons hachés + 2 oeufs entiers + 2 poignées de riz cuit + persil + sauce [illegible] + Worcester (!!)

+ 2 cuillerées à soupe d'huile + citron + thym + parmesan râpé

Sauce qui accompagne les Mélina : mélanger eau, beurre, jus de tomates, faire cuire une 1 heure. Lier avec 2 oeufs entiers, ajouter de la crème fraîche.

Moi, je ne mets pas de Worcester !!

GASPACCIO

Passer des tomates à la moulinette. Ajouter de l'eau, 1 verre pour 1 kg de tomates. Hacher très fin le 1/2 d'un petit concombre. Râper une grosse gousse d'ail. Saler et poivrer — ajouter de l'huile d'olive et le jus d'un citron.

Les boulettes Pojardsky soi-disant

Mélangez du veau haché avec du pain trempé dans du lait, de la kacha, de la farine de sarrasin (peu), un ou deux œufs entiers, de l'estragon.
Le reste, je ne l'ai pas noté. Je l'ai noté seulement pour le mot kacha, je ne sais pas ce que c'est.

Les boulettes sans nom

Bœuf et veau + 2 œufs entiers + farine + oignon haché fin + cerfeuil + ciboule + pain trempé dans de l'eau chaude + cumin (ou carvi).
Jamais mangé. Je ne me suis jamais jamais souvenue de qui me l'avait donnée, un Grec ou une personne du Moyen-Orient.

72

Les petits pâtés de la grand-mère de Michèle Muller pour les pique-niques à l'île Sainte-Marguerite et la promenade en mer

250 g de veau haché pas maigre.
250 g de bœuf haché.

Mélangez la viande avec de l'oignon râpé en quantité moyenne, un œuf entier ou deux, du pain trempé dans du lait chaud, malaxé et essoré ensuite. Ajoutez de la ciboulette hachée et de l'estragon. Du sel et du poivre. Mélangez le tout.
Faire des pâtés plats de taille moyenne. Laissez refroidir jusqu'au lendemain matin.
Dans le bateau, attention de ne pas les mettre au soleil. Et dans l'île, attention au sable qui gâche tellement de pique-niques chaque année. Empêchez les enfants de se battre avec. Et les chiens de trop s'approcher. Si vous les mangez à la maison, les servir froids. Vous voyez le genre de ces pâtés discrets, fins, il faut chercher le goût. Moi, je ne mets jamais d'ail parce que tout ce qui se fait à l'ail devient uniformément des plats à l'ail. Ces pâtés se mangent très facilement. C'est très très bon, simplement.

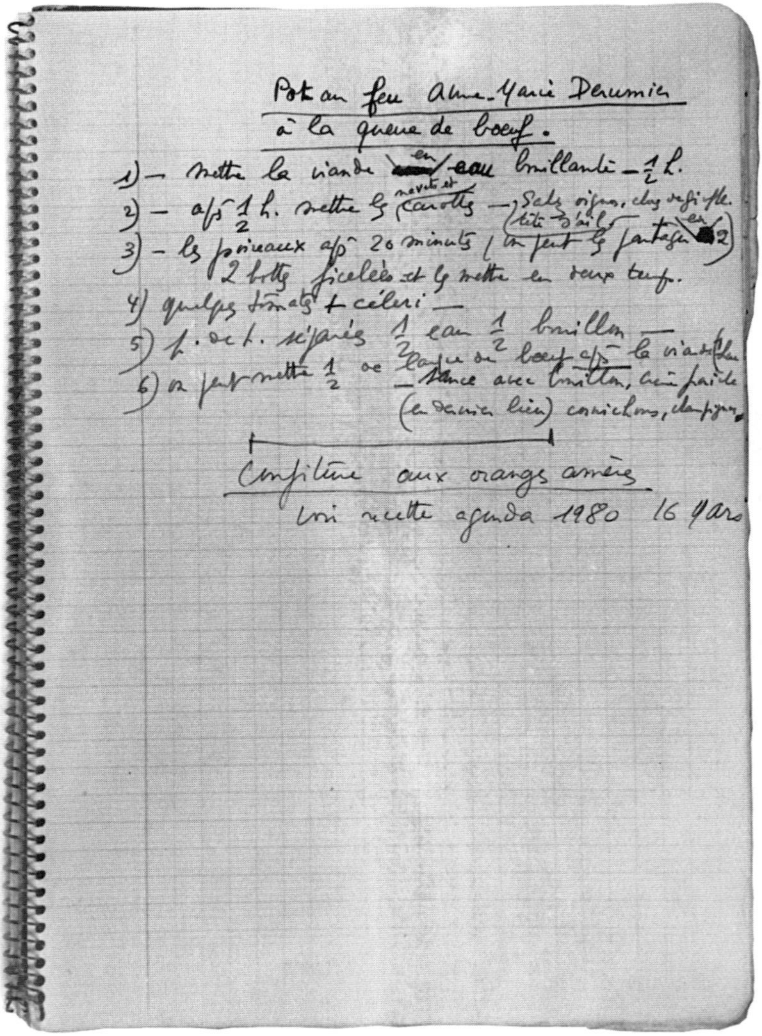
Pot au feu Anne-Marie Derumier
à la queue de boeuf.
1) – mettre la viande ~~à l'eau~~ en eau bouillante – 1/2 h.
2) – après 1/2 h. mettre les navets et carottes – (sels, oignons, clous de girofle, tête d'ail)
3) – les poireaux après 20 minutes (on peut les partager en 2) 2 bottes ficelées et les mettre en deux temps.
4) quelques tomates + céleri –
5) p. de t. séparés 1/2 eau 1/2 bouillon –
6) on peut mettre 1/2 os langue de boeuf après la viande
– sauce avec bouillon, crème fraîche (en dernier lieu) cornichons, champignons
Confiture aux oranges amères
voir recette agenda 1980 16 mars

Le pot-au feu Anne-Marie Derumier à la queue de bœuf

Mettre les queues de bœuf ficelées dans l'eau bouillante. Après une heure, mettre les navets et les carottes, le céleri, les oignons, l'ail, les clous de girofle, le thym, le laurier. Salez à ce moment-là aussi.

Vingt minutes après mettez les poireaux en deux bottes ficelées (les mettre en deux temps). Ajoutez les deux tomates et le céleri en branche. Faire cuire les pommes de terre séparément.

Si on est très nombreux, ajoutez une langue de bœuf après la viande dans le bouillon. La faire cuire une heure. Rajoutez de l'eau pour le bouillon si c'est nécessaire. Servir avec une sauce piquante.

*La salle à manger est grande
parce que c'est là qu'on reçoit les invités, mais
la cuisine est petite, de plus en plus petite. Mais on y
mange toujours, on s'y entasse – quand l'un sort tous les
autres doivent se lever mais on ne l'a pas abandonnée. On
voudrait désapprendre aux gens à manger dans la cuisine et
c'est là qu'ils se retrouvent, qu'ils vont tous le soir venu, c'est là
qu'il fait chaud et qu'on reste avec la mère qui fait la
cuisine tout en parlant.*

après l'avoir fait bouillir pendant 5 minutes dans une première eau –

La potée mettre à l'eau froide un
jambonneau demi-sel préalablement lavé à l'eau
froide. Ne pas saler. Faire cuire une demi-heure et
ajoutez un petit chou coupé en 4 morceaux, des poireaux, des
carottes, des navets, du céleri rave. Et de l'ail, du
thym, du laurier, des clous de girofle et une petite
saucisse de campagne. Ça doit cuire 3h en tout
et dans cette recette-ci, le jambonneau ayant cuit 1/2 heure,
il reste 2h 1/2 de cuisson – Vous mettez beaucoup d'eau et
vous êtes tranquille pendant 2h 1/2. Petit à petit
l'odeur merveilleuse se répand dans la maison fermée
faisant savoir que c'est un plat d'hiver. Quand c'est fini le plat se
mange.
Vous n'êtes pas obligé de manger de ce qu'on mange. Il faut que vous le sachiez : rien ne vous oblige à
Vous pouvez aller vous coucher. Vous vous réveillez
vers minuit. Vous allez au frigidaire, vous buvez
un grand verre de lait glacé. Vous retournez
dans votre lit, vous vous rendormez, vous souriez
toujours délicieux ... rendormi tout
d'aise tellement se

Le steak. Ça se rate toujours comme la
tragédie. Mais à des degrés différents. Et comme pour la
tragédie on peut toujours essayer. Le meilleur morceau
c'est l'entrecôte, l'araignée, la bavette et pour ceux qui
aiment, l'onglet. Il faut faire griller le bifteck après avoir le grill
de graisse de (demandez en un morceau à votre boucher) ou de lard-
Pas de beurre cuit. Il faut le faire brûler, flamber même (au feu de
bois) et le manger avec un beurre d'anchois ou un beurre d'échalotte
Le meilleur vin avec le bifsteak c'est une purée de p. de terre.

La potée

Mettre à l'eau froide un jambonneau demi-sel préalablement lavé à l'eau froide. Poivrez. Ne pas saler. Faire cuire 1/2 heure et ajouter un petit chou après l'avoir fait bouillir pendant 5 minutes dans une première eau, coupé en 4 morceaux, et des poireaux, des carottes, des navets, du céleri-rave. Et de l'ail, du thym, du laurier, des clous de girofle, et une petite saucisse de campagne. Ça doit cuire 3 heures en tout et, dans cette recette-ci, le jambonneau ayant cuit 1/2 heure, il reste 2 heures 1/2 de cuisson. Vous mettez beaucoup d'eau et vous êtes tranquille pendant 2 heures 1/2. Petit à petit l'odeur merveilleuse se répand dans la maison fermée, fermée parce que c'est un plat d'hiver. Quand c'est fini vous n'êtes pas obligée de manger ce plat. Il faut que vous le sachiez : rien ne vous oblige à en manger. Vous pouvez aussi bien aller vous coucher. Vous vous réveillez vers minuit. Vous allez au frigidaire, vous buvez un grand verre de lait glacé. Vous retournez dans votre lit, vous vous rendormez, vous souriez d'aise tellement se rendormir est toujours délicieux.

Le steak. Ça se rate toujours comme la tragédie. Mais à des degrés différents. Et comme pour la tragédie on peut toujours essayer. Les meilleurs morceaux, c'est l'entrecôte, l'araignée, la bavette et, pour ceux qui aiment, l'onglet. Il faut faire griller le beefsteak après avoir enduit le gril de graisse de bœuf (demandez-en un morceau à votre boucher) ou de lard. Pas de beurre cuit. Il faut le faire brûler, flamber même (au feu de bois) et le manger avec un beurre d'anchois ou un beurre d'échalotes. Le meilleur je crois avec le beefsteak, c'est une purée de pommes de terre.

Quand je fais la cuisine, je supporte très mal que quelqu'un d'autre la fasse… Et comme mon fils la fait très bien, ça ne va pas toujours très bien la cuisine quand il est là… mais enfin c'est gentil. Mon fils dit que je fais une cuisine populaire et que son père fait une cuisine très raffinée… Mais c'est parce que son père, quand il fait un plat, il a tout son temps devant lui… et moi j'ai le temps de le faire, c'est tout… Je ne peux pas passer quatre heures à faire un bœuf en daube, je n'ai pas le goût de ça… mais je fais un bœuf en daube très bon quand même… peut-être plus… moins succulent, plus simple… mais excellent.

Bœuf mode

700 g de bœuf.
Couennes de lard.
150 g de barde de lard.
2 verres de vin blanc.
1 pied de veau.
1 verre de cognac.
Oignons.
2 verres de bouillon.
1 kg de carottes.
Bouquet garni.
Margarine ou beurre.

1 – Faire foncer la cocotte sur le feu avec les couennes, la barde de lard + oignons + carottes + viande + pied de veau + bouillon et vin blanc chaud + cognac + sel et poivre + bouquet garni.
2 – Dès que la cuisson a commencé, mettre au four pendant 4 heures, cocotte couverte.
3 – Pendant la dernière heure, arroser toutes les 10 minutes et, pendant 25 minutes, laisser la viande sans couvercle.

Bœuf mode froid : mettre la viande dans une terrine. Laisser refroidir, servir le lendemain.

Sucre

BORTSCH BÂTARD À LA FRANÇAISE SANS CRÈME

1 kg de bœuf (gîte), 1 os à moelle.
500 g de carottes.
500 g de navets.
1 cœur de chou blanc.
2 oignons piqués d'un clou de girofle.
2 échalotes, 2 gousses d'ail, 1 betterave rouge.
100 g de crème fraîche, vinaigre, sel, poivre.

DANS deux litres d'eau :

1 – Viande, os et légumes coupés fin (sauf betterave), salez, poivrez, 40 minutes après ébullition.
2 – Betterave rouge hachée. Quelques minutes avant de servir, crème fraîche et vinaigre.

Je n'ai jamais essayé de faire ce bortsch. Je n'aime que le bortsch qu'on vous sert à Varsovie mais je ne sais pas le faire. Je crois qu'il faut faire macérer des betteraves rouges, mais dans quoi, je ne sais pas, ni combien de temps, et prendre le jus.

Je l'ai fait deux fois
chez moi, ce plat-là, il y a des gens
qui aiment ça : j'en suis. Beaucoup. Il y en a
qui n'aiment pas ça, qui regrettent les rognons au
porto. On peut également faire le plat avec des rognons
de veau. C'est plus simple mais moins barbare, moins
profond. Moi, j'ai mangé le plat ordinaire. C'était chez des
gens qui habitaient dans les environs de Dublin au bord de la
mer, des professeurs de l'université de Dublin. Ils avaient une
maison dans les bois, près de la tour de Joyce. Il y avait là une
bande de cinq à six petites filles inoubliables, blondes, aux
yeux très bleus. Elles lisaient devant les feux de bois. Leurs
joues étaient rouges. Elles partaient vers les bois
toutes seules et revenaient la nuit venue.
Je crois que les parents
croyaient en Dieu.

PLAT D'HIVER *(2 h 1/2 de cuisson)*
DUBLIN CODDLE

TRADUISEZ : ragoût au sucre brun à la façon de Dublin. Ce qu'il faut : 1 kg de bœuf coupé en petits cubes, 1 kg de rognons de bœuf. C'est le boucher qui doit nettoyer l'intérieur des rognons et les couper en petits morceaux. Néanmoins il faut les laver à l'eau bouillante et les passer à l'eau vinaigrée. Faire revenir le tout dans du lard ou de la graisse de porc. Pas de beurre du tout. Laisser cuire à feu doux jusqu'à ce que ce soit tendre. Je ne sais pas combien de temps mais je crois que c'est longtemps. Deux heures. Au milieu de la cuisson, ajoutez un verre de vinaigre avec une pincée de farine. Attention : pas de vin. Du vinaigre. Au moment de servir, ajoutez un caramel blond ou du sucre candi que vous mélangez aux rognons.

Servir avec des pommes de terre à l'anglaise écrasées à la fourchette et du chou-fleur à l'eau également écrasé.

Attention : sans lait, ni beurre. Vous avez compris qu'il faut garder au plat son caractère pauvre. Les Irlandais vous diront : mettez plutôt du vin, nous, on mettait du vinaigre parce que le vin était trop cher. Ne les écoutez pas.

Si la sauce est trop courte, rallongez avec de l'eau bouillante.

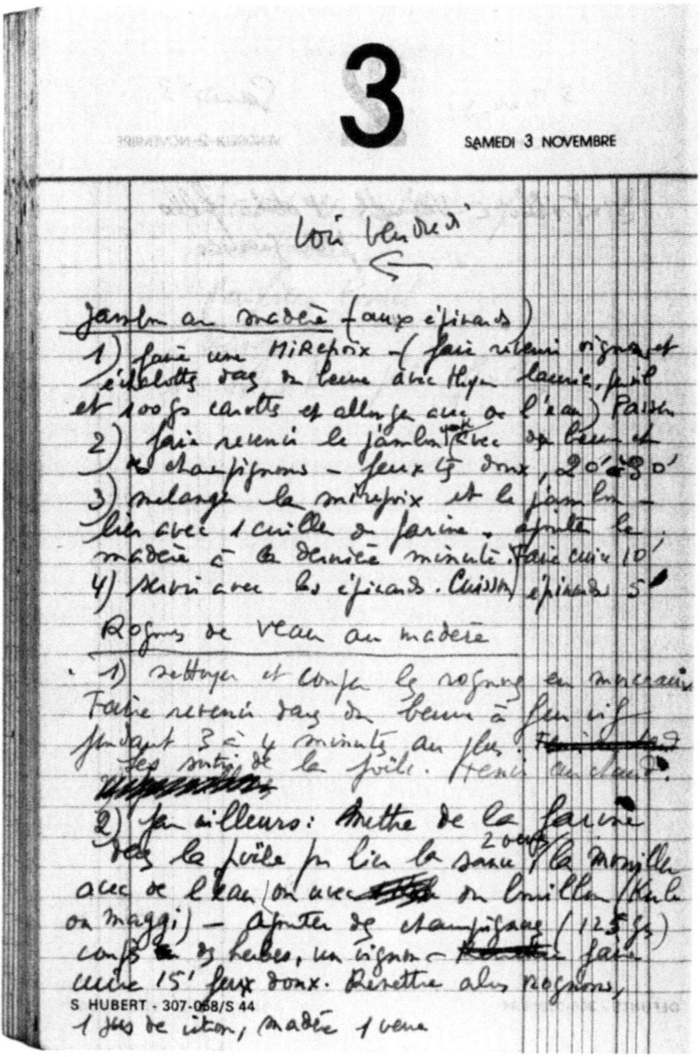
3
SAMEDI 3 NOVEMBRE
voir vendredi ←
Jambon au madère (aux épinards)
1) faire une Mirepoix – (faire revenir oignons et échalottes dans du beurre avec thym laurier, persil et 100 grs carottes et allonger avec de l'eau) Passer
2) faire revenir le jambon avec du beurre et des champignons – feux très doux, 20' à 30'
3) mélanger la mirepoix et le jambon – lier avec 1 cuiller de farine. ajouter le madère à la dernière minute. Faire cuire 10'
4) servir avec les épinards. Cuisson épinards 5'
Rognons de veau au madère
1) nettoyer et couper les rognons en morceaux. Faire revenir dans du beurre à feu vif pendant 3 à 4 minutes au plus. les sortir de la poêle. Tenir au chaud.
2) par ailleurs: mettre de la farine dans la poêle pour lier la sauce / la mouiller avec de l'eau ou avec du bouillon (Kub ou maggi) – ajouter des champignons (125 grs) coupés des herbes, un oignon – faire cuire 15' feux doux. Remettre alors rognons, 1 jus de citron, madère 1 verre
S HUBERT - 307-058/S 44

Jambon au madère et aux épinards

1 – Faire une mirepoix : faire revenir oignons et échalotes dans du beurre avec thym, laurier, persil et 100 grammes de carottes. Allonger avec de l'eau. Passer.

2 – Faire revenir le jambon d'York avec du beurre et des champignons, à feu très doux, 20 à 30 minutes.

3 – Mélanger la mirepoix et le jambon, lier avec une cuillère de farine. Ajouter le madère à la dernière minute. Faire cuire 10 minutes.

4 – Servir avec les épinards. Cuisson des épinards : 5 minutes.

Rognons de veau au madère

1 – Nettoyer et couper les rognons en morceaux. Faire revenir dans du beurre à feu vif pendant 3 ou 4 minutes au plus. Les sortir de la poêle. Tenir au chaud.

2 – Par ailleurs : mettre de la farine dans la poêle pour lier la sauce, la mouiller avec deux verres d'eau ou du bouillon. Ajouter des champignons (125 grammes), couper des herbes, un oignon. Faire cuire 15 minutes à feu doux. Remettre alors les rognons, du jus de citron et un verre de madère.

Paëlla

riz x
safran x
petits pois
poulet
calamars
tomates x
chorizo

Spear Ribbs

Travers de porc.
confiture d'abricots x
Ketchup x
vinaigre x
soja x poivre-sel x
Worcester sauce ?

mettre les travers dans un plat à four. Les enduire de confiture d'abricots (ou autre) et de Ketchup. Bien poivrer. Mettre du vinaigre + du sel. + soja. Servir avec riz chaud – attention à ce que ce ne soit pas desséché.

Pour ne pas que ce soit desséché : Conseil : faire la sauce à l'avance, bien malaxer et la verser sur les travers 10' avant de sortir le plat.

---

oignons : porc cacahuètes sauce soja + vinaigre + sucre caramélisé + curry

Tchoco ~~Nasi~~ goreng avec curry : (Infrit Lentement Sans brûler)

Faire cuire du porc émincé et des oignons. Quand c'est presque cuit mettre des cacahuètes et du curry. Puis, du riz. Servir avec une sauce salée sucrée : vinaigre + sucre caramélisé + sauce soja.

Travers de porc vietnamienne
faire comme pour le Thik. Kho.

Spare Ribs

Travers de porc ou côtes de porc dans l'échine.
Confiture d'abricots ou miel. Ketchup. Vinaigre.
Soja (Worcester Sauce ?). Poivre et sel.
1/2 verre d'eau.

METTRE les travers dans un plat à four. Les enduire de confiture d'abricots ou autre et de Ketchup. Bien poivrer. Faire cuire à four moyen pendant 1/2 heure, puis assaisonner par couches avec le vinaigre, le sel et le soja. Attention à ce que ce ne soit pas desséché. Conseil : faire la sauce à l'avance, bien remuer et la verser sur les travers 10 minutes avant de sortir le plat.
Servir avec du riz chaud au curry, sans graisse, ni huile et avec des raisins secs.

Nasi-Goreng
Plat indonésien d'Ingrid Therme

FAIRE cuire du porc émincé et des oignons. Lentement, sans les brûler. Quand c'est presque cuit, mettre des cacahuètes, du curry, de la sauce de soja, une cuillère à café de vinaigre, du sucre.
Il faut servir avec une sauce salée-sucrée. Et du riz blanc, pur, comme seulement le riz est pur. D'une sublime fadeur, le riz.

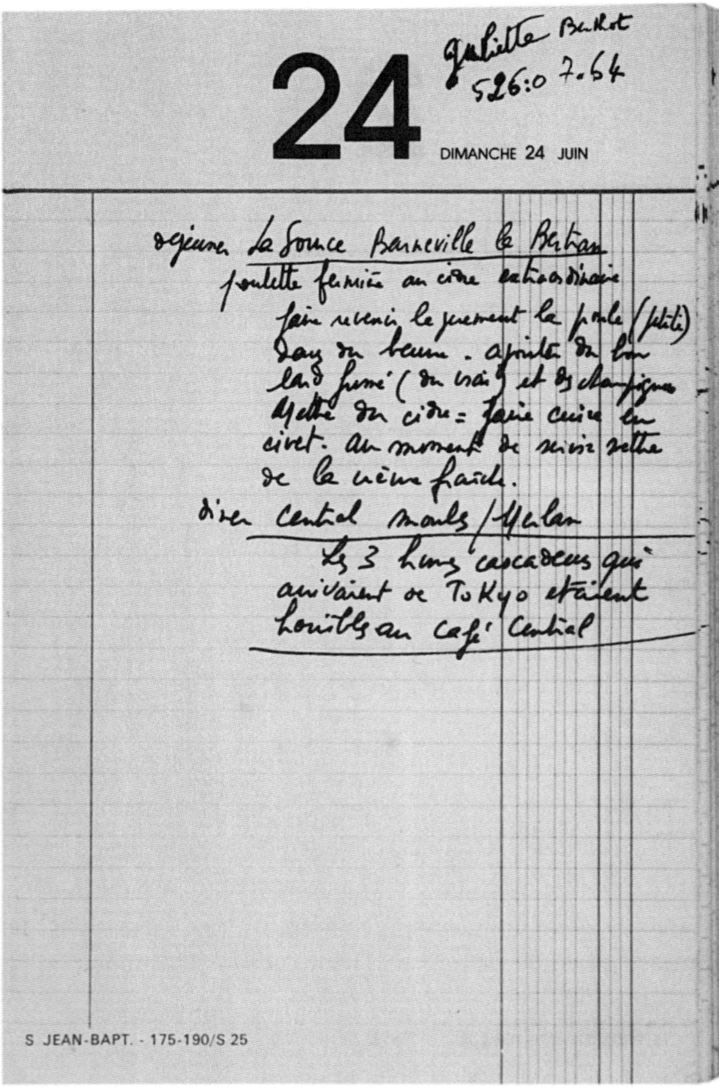
Juliette Berlot
526:07.64

24

DIMANCHE 24 JUIN

déjeuner La Source Barneville la Bertran
poulette fermière au cidre extraordinaire
faire revenir légèrement la poule (petite)
dans du beurre. ajouter du bon
lard fumé (du vrai) et des champignons
Mettre du cidre = faire cuire en
civet. au moment de servir mettre
de la crème fraîche.
dîner Central moules/Merlan
Les 3 hommes cascadeurs qui
arrivaient de Tokyo étaient
horribles au café Central

S JEAN-BAPT. - 175-190/S 25

POULETTE FERMIÈRE AU CIDRE

FAIRE revenir légèrement la poule (petite), dans son beurre. Ajoutez du bon lard fumé (du vrai) et des champignons. Mettre du cidre : faire cuire en civet. Au moment de servir, mettre de la crème fraîche.

ŒUFS BROUILLÉS AU ROQUEFORT

1 – Dans une casserole faire fondre le bleu d'Auvergne (ou le Roquefort si on est riche) avec du lait, sans beurre aucun.
2 – Faire fondre du beurre dans une poêle sans le faire brûler et tourner tout en mélangeant le lait plus le roquefort aux œufs.

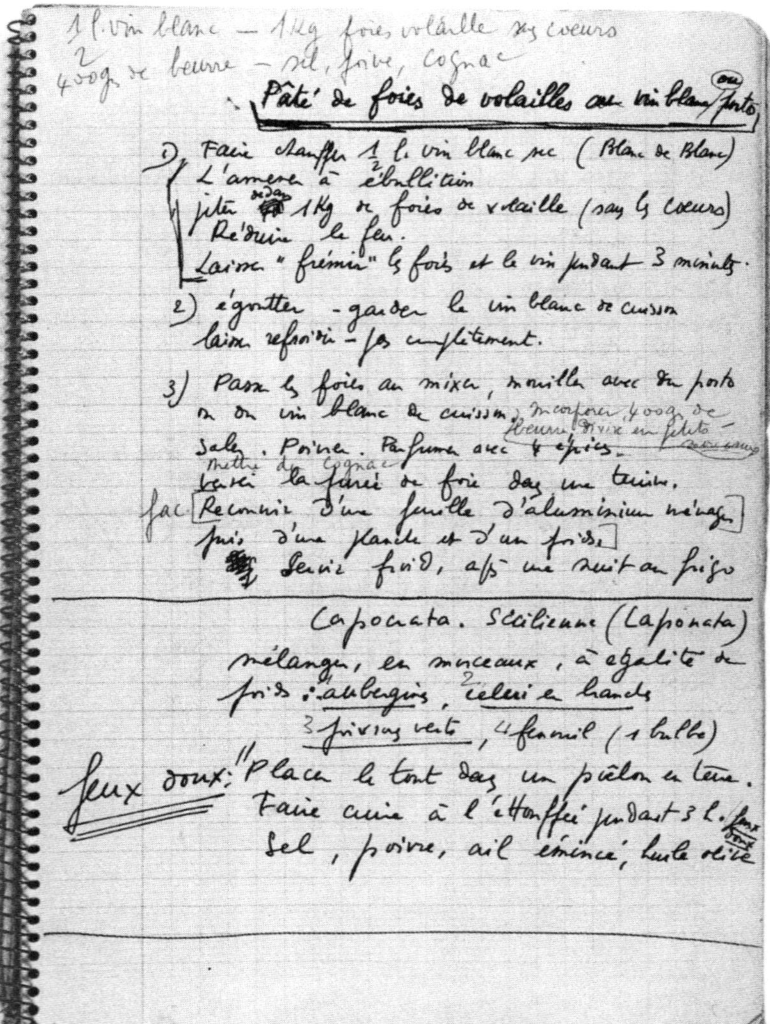

1 l. vin blanc — 1 Kg foies volaille sans coeurs
400 g. de beurre — sel, poivre, cognac

Pâté de foies de volailles au vin blanc / ou porto

1) Faire chauffer 1/2 l. vin blanc sec (Blanc de Blanc)
L'amener à ébullition
jeter dedans 1 Kg de foies de volaille (sans les coeurs)
Réduire le feu.
Laisser "frémir" les foies et le vin pendant 3 minutes.

2) égoutter - garder le vin blanc de cuisson
laisser refroidir - pas complètement.

3) Passer les foies au mixer, mouiller avec du porto ou du vin blanc de cuisson, incorporer 400 g. de beurre, mixer en petits morceaux
Saler. Poivrer. Parfumer avec 4 épices.
mettre du cognac
Verser la farce de foie dans une terrine.
fac [Recouvrir d'une feuille d'aluminium ménager puis d'une planche et d'un poids]
Servir froid, après une nuit au frigo

Caponata. Sicilienne (Caponata)
mélanger, en morceaux, à égalité de poids : aubergines, 2 céleri en branche
3 poivrons verts, 4 fenouil (1 bulbe)
feux doux: Placer le tout dans un poêlon en terre.
Faire cuire à l'étouffée pendant 3 h. feux doux
Sel, poivre, ail émincé, huile olive

Pâté de foies de volaille au vin blanc et au porto

1/2 litre de vin blanc. 1 kg de foies de volaille sans cœurs. 400 g de beurre, sel, poivre, cognac.

1 – Faire chauffer 1/2 litre de vin blanc sec (blanc de blanc). L'amener à ébullition. Jeter dedans 1 kg de foies de volaille (sans les cœurs). Réduire le feu. Laisser « frémir » les foies et le vin pendant 3 minutes.
2 – Égoutter, garder le vin blanc de cuisson, laisser refroidir – pas complètement.
3 – Passer les foies de volaille au mixer, mouiller avec du porto ou du vin blanc de cuisson. Incorporer 400 g de beurre en petits morceaux.

Saler, poivrer, parfumer aux 4 épices. Mettre du cognac. Verser la purée de foies dans une terrine. Recouvrir d'une feuille d'aluminium ménager, puis d'une planche et d'un poids. Servir froid après une nuit au frigo.

Caponata sicilienne

Mélanger, en morceaux à égalité de poids : aubergines, céleri branche, poivrons verts, fenouil (un bulbe).

Placer le tout dans un poêlon en terre. Faire cuire à l'étouffée pendant 3 heures à feu doux. Sel, poivre, ail émincé, huile d'olive.

Je ne suis pas très expansive, mais les gens ne se trompent pas là-dessus parce que je leur donne à manger... Je ne leur dis pas que je les aime, je ne les embrasse pas, je ne suis pas quelqu'un de tendre, alors je fais à manger pour les autres...

À Neauphle,

souvent, je faisais la cuisine au début de l'après-midi. Ça se produisait quand les gens n'étaient pas là, qu'ils étaient au travail, ou en promenade aux étangs de Hollande, ou qu'ils dormaient dans les chambres. Alors j'avais avec moi tout le rez-de-chaussée de la maison et le parc. C'était à ces moments-là de ma vie que je voyais clairement que je les aimais et que je voulais leur bien. La sorte de silence qui suivait leur départ je l'ai en mémoire. Rentrer dans ce silence c'était comme rentrer dans la mer. C'était à la fois un bonheur et un état très précis d'abandon à une pensée en devenir, c'était une façon de penser ou de non penser peut-être – ce n'est pas loin – et, déjà, d'écrire. Lentement, avec soin, pour que ça dure encore, je faisais la cuisine pour ces gens absents pendant ces après-midi-là. Je faisais une soupe pour qu'ils la trouvent prête au cas où ils auraient très faim. S'il n'y avait pas de soupe prête, il n'y avait rien du tout. S'il n'y avait pas une chose prête, c'est qu'il n'y avait rien, c'est qu'il n'y avait personne. Souvent les provisions étaient là, achetées du matin, alors il n'y avait plus qu'à éplucher les légumes, mettre la soupe à cuire et écrire. Rien d'autre.

La soupe aux poireaux

On croit savoir la faire, elle paraît si simple, et trop souvent on la néglige. Il faut qu'elle cuise entre quinze et vingt minutes et non pas deux heures – toutes les femmes françaises font trop cuire les légumes et les soupes. Et puis il vaut mieux mettre les poireaux lorsque les pommes de terre bouillent : la soupe restera verte et beaucoup plus parfumée. Et puis aussi il faut bien doser les poireaux : deux poireaux moyens suffisent pour un kilo de pommes de terre. Dans les restaurants cette soupe n'est jamais bonne : elle est toujours trop cuite (recuite), trop « longue », elle est triste, morne, et elle rejoint le fonds commun des « soupes de légumes » – il en faut – des restaurants provinciaux français. Non, on doit vouloir la faire et la faire avec soin, éviter de l'« oublier sur le feu » et qu'elle perde son identité. On la sert soit sans rien, soit avec du beurre frais ou de la crème fraîche. On peut aussi y ajouter des croûtons au moment de servir : on l'appellera alors d'un autre nom, on inventera lequel, de cette façon les enfants la mangeront plus volontiers que si on lui affuble le nom de soupe aux poireaux pommes de terre. Il faut du temps, des années, pour retrouver la saveur de cette soupe, imposée aux enfants sous divers prétextes (la soupe fait grandir, rend gentil, etc.). Rien dans la cuisine française ne rejoint la simplicité, la nécessité de la soupe aux poireaux.

Elle a dû être inventée dans une contrée occidentale un soir d'hiver, par une femme encore jeune de la bourgeoisie locale qui, ce soir-là, tenait les sauces grasses en horreur – et plus encore sans doute – mais le savait-elle ? Le corps avale cette soupe avec bonheur. Aucune ambiguïté : ce n'est pas la garbure au lard, la soupe pour nourrir ou réchauffer, non, c'est la soupe maigre pour rafraîchir, le corps l'avale à grandes lampées, s'en nettoie, s'en dépure, verdure première, les muscles s'en abreuvent. Dans les maisons, son odeur se répand très vite, très fort, vulgaire comme le manger pauvre, le travail des femmes, le coucher des bêtes, le vomi des nouveau-nés. On peut ne vouloir rien faire et puis faire ça, oui, cette soupe-là : entre ces deux vouloirs, une marge très étroite, toujours la même : suicide.

1x4
Sherwoods

La Vichyssoise

(soupe froide pour l'été)

Faire cuire ensemble trois ou quatre pommes de terre coupées en morceaux avec une livre de blancs de poireaux coupés de même, pendant 20 à 30 minutes, jusqu'à ce que les légumes soient tendres. Après cela :

1 – Passez le tout au moulin de légumes.

2 – Remettez à bouillir. Épaississez avec une cuillère à dessert de Maïzena.

3 – Après ébullition, laissez refroidir.

4 – Ajoutez de la crème fraîche épaisse.

5 – De nouveau, passez au mixer. Pour sublimer le tout, mettez un peu de ciboulette hachée fin au moment de servir. Servir très frais. Ce n'est pas difficile mais c'est un peu long. C'est merveilleusement bon.

Gaspacho

Coupez les tomates en morceaux. Inutile de les peler. Passez-les à la moulinette. Ajoutez de l'eau. Il faut que ce soit fluide. En principe un ou deux verres pour 1 kg de tomates mais plus si nécessaire. Hachez très fin le 1/3 d'un petit concombre vert avec la peau. Salez et poivrez. Ajoutez un peu d'huile d'olive pas forte et le jus d'un citron. Et une gousse d'ail râpée. Mettez au frigidaire. À la canicule, se sert glacé. Les Espagnols mettent du bouillon à la place de l'eau. Ils ont tort. Il faut, à notre avis, que cela reste cru. C'est bien meilleur chez soi qu'en Espagne à cause de ça. C'est la chose la plus facile à faire que je connaisse et une des meilleures, surtout quand il fait chaud.

Je fais très bien les plats
de poisson, mais il y en a… par exemple les
seiches que je sais faire à l'italienne, je dis que c'est
tellement bon que ça frôle une sorte de… de concept de
péché, oui, de faute… et ça, on doit le faire vraiment qu'avec les
plus chers des amis et jamais seule. Jamais, dans aucun cas, on
ne doit faire la cuisine pour soi seule, parce que je pense
que c'est ça le chemin qui mène à l'installation
définitive du désespoir…

Lotte à l'américaine

Faire revenir les morceaux de lotte dans l'huile chaude pendant 10 minutes.
Retirer le poisson, qui a rendu du jus. Laisser réduire si besoin. Faire revenir dans du beurre : ail (1), échalotes (3), thym, persil. Délayer une boîte de sauce tomate, ajouter 2 verres de vin blanc + 1 verre à liqueur de cognac. Saler, poivrer et remettre les morceaux de poisson pendant 20 minutes.

Morue à la mode de Maria

Morue.
Huile d'olive.
Lait.
Ail, poivre.

Faire dessaler la morue. La faire pocher sans trop la faire bouillir. La faire revenir dans 1 décilitre d'huile bouillante, la travailler avec une spatule, la réduire en purée. Puis ajouter 2 décilitres d'huile d'olive, 3 cuillerées de lait bouillant (en une fois), une gousse d'ail, du poivre.
Manger avec des pommes de terre.

Je ne supporte pas du tout qu'il n'y ait rien à manger à la maison... Si vous voulez, c'est un petit peu... étrange ça, chez moi... Il manque par exemple des œufs ou bien il manque du beurre ou il manque des fruits, ça me torture. Il me semble que c'est toute la maison qui est atteinte, qui penche, qui penche comme les fleuves de mon enfance pour aller vers l'océan... qui va à vau-l'eau, parce qu'il manque une chose vitale... On dit toujours, s'il n'y a pas de sel, y a rien. Moi, ça prend des formes extrêmes... S'il n'y a pas de citron, y a rien. S'il n'y a pas de thé, s'il n'y a pas de Earl Grey, y a rien. À la rigueur, il pourrait ne pas y avoir de pain, mais s'il n'y a pas de pommes, alors par exemple y a rien du tout... S'il n'y a pas de sauce indochinoise, je m'en vais, je quitte la demeure... J'ai un problème de superposition... Si je ne peux pas superposer deux bouteilles d'huile, il n'y en a pas... Si je n'ai pas la bouteille qui attend que celle qui est en cours soit terminée, je suis sans huile... S'il n'y a plus que le sel qui est dans la boîte à sel sans un kilo de sel dans le placard, je suis sans sel... Ça me rend la vie infernale, je suis toujours obligée de vérifier deux fois tout... C'est vrai, je suis comme ça... C'est un caractère malheureux comme dirait ma mère. C'est un truc arithmétique, c'est 1 = 0, 1 + 1 = 1, c'est ça... l'équation, enfin le mode de calcul que je fais dans ma tête...

Salade chinoise

(pour toute la saison)

Il faut quatorze produits. Les voici :

– du riz déjà cuit, froid mais pas desséché. (Achetez du riz dit parfumé dans les boutiques vietnamiennes) ;
– germes de soja cru ou légèrement passés à la poêle ;
– citron ;
– nuoc-mâm ;
– sucre : 1/2 cuillère à café ;
– cacahuètes écrasées très fin ;
– bananes vertes. Bien les laver. Garder la peau pour son âpreté ; les couper en rondelles très fines ;
– concombres coupés en rondelles avec la peau ;
– champignons noirs bien nettoyés ;
– huile et vinaigre, pas trop ;
– viande de porc pas maigre revenue à la poêle et coupée en morceaux ;
– ail râpé, une seule gousse ;
– ciboule et menthe verte et coriandre hachées dans le plat. Et sur la table quelques branches entières de menthe ;
– salade verte, feuilles coupées en quatre.

On doit servir avec du piment séparé du plat – 15e chose à prévoir de toute façon.

Si vous n'aimez pas le nuoc-mâm, ne faites pas le plat. Rien ne peut le remplacer.

Le plat doit être prêt deux ou trois heures avant le repas. Il doit être moelleux. Ne pas servir trop froid ni trop chaud.

Pourquoi la maison est-elle dans cet état d'être sans café alors que les gens qui l'habitent savent très bien, pour la plupart d'entre eux, que c'est une des choses les plus terribles de la vie que de se lever sans café aucun, dans une maison vidée du café ?
Parce que les promotions médiatiques actuelles en passent par là, par l'oubli de l'achat du café. Ils n'en ont plus. Alors ils le prennent au bistro avec les copains. Et ce moment de solitude du matin, lorsque personne n'est encore levé, est rayé de leur vie…
Il y a aussi la cuisine vide. Ces gens ont des cuisines très perfectionnées où on ne mange que des steaks-frites, frites surgelées et steaks tout court, toute l'année.
Ce sont les penseurs et non-penseurs de demain, des gens qu'on ne pourrait pas fréquenter, qui dégagent un ennui profond, des blanchis de la vie…

Confiture aux oranges amères

(en mars)

2 kg d'oranges amères.
1/2 citron.
2 litres d'eau.
2 oranges ordinaires.

Couper les oranges en tranches minces. Les couvrir d'eau pendant 24 heures.
Mettre les pépins dans un bol d'eau. Ajouter cette eau aux oranges.
Ajouter 2 oranges ordinaires et le citron coupé en fines lamelles.
Faire cuire le tout avec l'eau pendant 1 heure puis peser, ajouter un poids égal de sucre, cuire 1 heure 45 minutes selon.

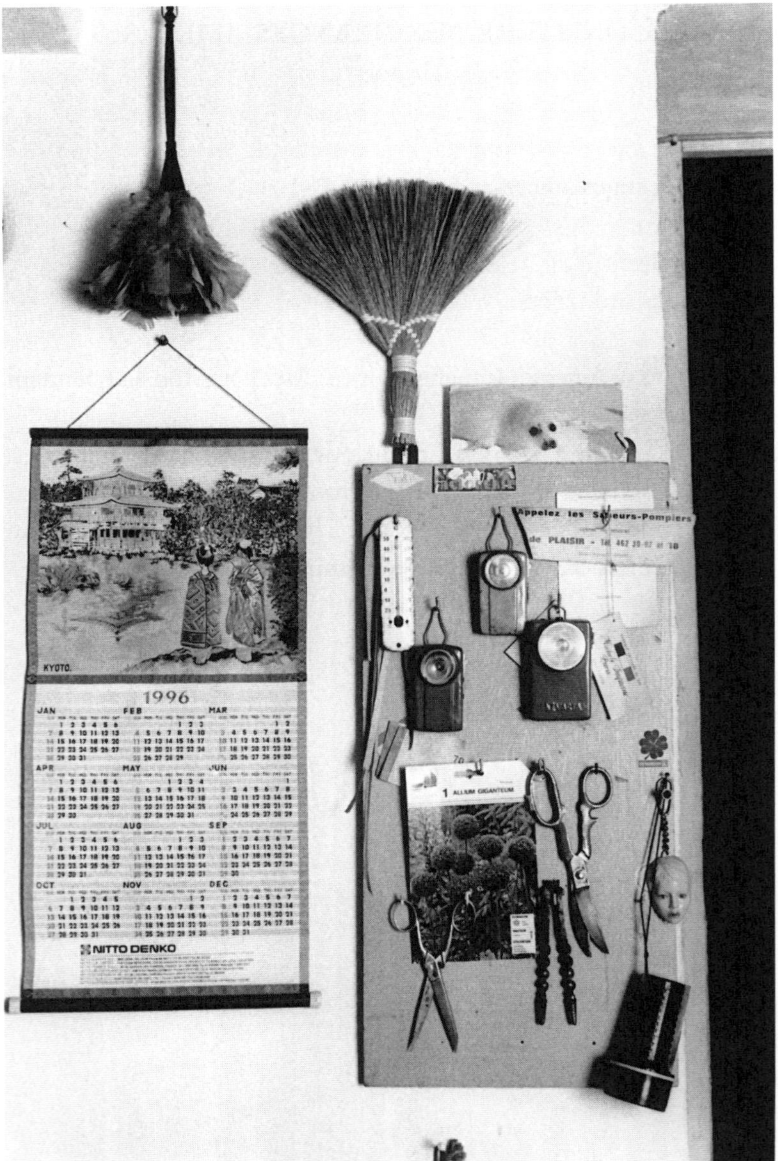
KYOTO.
1996
JAN
FEB
MAR
APR
MAY
JUN
JUL
AUG
SEP
OCT
NOV
DEC
NITTO DENKO
1 ALLIUM GIGANTEUM
de PLAISIR

« Les poubelles » de Madame Dodin

La benne me transporte dans le monde des poubelles de mon monde, de ces poubelles pleines d'épluchures et de déchets de mes contemporains qui vivent, mangent, mangent pour se conserver, durer, durer le plus qu'ils peuvent, et qui digèrent, assimilent, suivant un métabolisme qui nous est commun, avec une persévérance si grande, si grande vraiment, quand on y pense, qu'elle est aussi probante, plus probante, à elle seule, de notre commune espérance que les plus fameuses de nos cathédrales. Et cet énorme chant de l'humaine rumination chaque jour commencée, chaque jour repris à l'aurore, par la benne de sa rue, c'est le chant, qu'on le veuille ou non, de l'irréductible communauté organique des hommes de son temps. Ah ! plus d'étranger ni d'ennemi qui tienne devant la benne ! Tous pareils devant la gueule énorme et magnifique de la benne, tous estomacs devant l'Éternel. Car, pour la bonne grosse gueule de la benne, pas de différences. Et en fin de compte, ô locataire du quatrième qui me veut tant de mal, de même que nos poussières, un jour, se mêleront, de même l'os de ma côtelette se mêle sans façon à celui de la tienne, dans le ventre original, dans le ventre dernier de la si bonne benne.

Textes

Les Enfants maigres et jaunes, extrait, page 10, revue *Sorcières,* n° 1, 1976, rééd. P.O.L, 1984.

La Soupe aux poireaux, pages 49 et 51, *Outside*, 1981, Albin Michel, rééd. P.O.L, 1984.

La Vie matérielle, extraits, pages 28, 46 et 4e de couverture, P.O.L, 1987.

Madame Dodin, extrait, page 61, Récits, Gallimard, 1954.

Entretiens

Extraits du décryptage du *Bon Plaisir de Marguerite Duras*, France Culture, octobre 1984, © INA, avec l'aimable autorisation de l'INA, pages 7, 16, 20, 32, 46, 54 et 56.

Extraits du décryptage des entretiens de Marguerite Duras avec Jérôme Beaujour pour le livre dit *La Vie matérielle*, 1986, pages 20, 32 et 58.

Photos

© Catherine Faux et Jean Mascolo.

La cuisine de Neauphle-le-Château, détails pages 24, 29, 32, 34, 52, 54, 60 et 63.

La salle à manger de Neauphle-le-Château, pages 8, 28 et 47.

Le potager de Neauphle-le-Château, détail page 48.

© Jean Mascolo

La cuisine de Neauphle-le-Château, couverture.

© Jean-Marc Turine

La cuisine de la rue Saint-Benoît, page 50.

© Hélène Bamberger/Cosmos

La salle à manger de la rue Saint-Benoît, page 16.

Collection Jean Mascolo

Vues sur Sadec, page 10.

Remerciements à Gallimard, IMEC, P.O.L, Béatrice Montoriol, pour leur aimable collaboration.

Achevé d'imprimer en septembre 2021

sur les presses de l'imprimerie Corlet, France.

N° d'imprimeur : 21080397 - Dépôt légal décembre 1999